허난설헌 문학상수상작

한장 뿐인 종이

엠-애드

빗방울 이야기

나 이제 바다로 가는 길

강 복판에 들어선 빗방울은 산골짜기 시절에 고개 숙입니다.

고난은 아름답고 성숙한 삶을 발효시키는 누룩 이었습니다.

은사시나무 잎도 바람씨 없이는 반짝 거릴 수 없고 돌이 없는 개울물은 노래 할 수도 없는데 여행길이 멀고도험한지 알지 못한 오월의 빗방울 하나가 산골짜기 나무에 떨어 질 땐 잎사귀와 마주 손뼉 치며 좋아 했었지요

소나기 쏟아지면 아무것도 보이지 않는 길을 떠밀

려가다
  언덕을 곤두박질 할 땐 무섭고 두려웠지만 작은 돌을 만나면 콧노래로 걸으며 그토록 오고 싶던 강에 오고 보니
  산새들의 아침인사
  나뭇가지의 응원
  길동무하던 빨간 단풍의 사랑 얘기
  바위에 부딪히는 물의 아픈 소리도 들을 수 없습니다

  이제 한가로운 강이 되어 바다로 가기 전에 빗방울 하나가 계곡물. 시냇물. 강물이란 이름을 바꾸며
  달려온 길을 펼쳐보니 진주가 되는 아픔이 아름답고
  그리운 여행길 이었습니다 바다에 가서
  푸르렀던 날을 절여 오래 간직하렵니다

Contents 차례

1부 꿈을 찍는 사진작가

2부 잠수함속의 토끼

3부 생활의 텃밭에 꽃을 가꾸며

4부 조개속 상처에서 자라난 眞珠

5부 영혼으로 부르는 G선상의 아리아

6부 추억을 자아내는 물레

1부

꿈을 찍는 사진작가

삼월이 만든 바다

참 나무
은사시 나무
늘씬하게 서있는
마당가 낮은 산

철부지
소나기 눈 퍼붓고
하늘 땅
바다 되어

산호 밭
만들어 놓고
길 잃은 멍게 한 마리
산호가지 걸렸네

눈 길

곱게 내린 눈 위에
자동차 오간 집 앞 비탈길
아프게
눌려 쓸리지도 않는데
채 녹기 전 눈은 또 내려
차가운 눈물 숨기고
지나가던 이가 쩔쩔 맨다

우리네
가슴도 밟고 밟히고
내 속엔 얼 만큼
차가움 깔려 몇 번이나
남을 미
끄
러
지게 했을까
눈 밑에 숨겨진 얼음
무의식에 굳은 내 가슴 아닐 런지

눈사람

눈사람도
너무 추우면 크질 못해
사각대며 흩어지고

삼월에 내린 눈은
뽀드득 정겨운 소릴 내며
어른으로 자랐습니다

눈 코 입
붙여놓고 마주 웃는다
이제라도
맘속에 눈사람 가득 키우자고

젖은 기다림

구들장 아래 두 줄 선
연통은 십구공탄 희생을 삼키며
몸 달구어 봉사하는 겨울 밤

아랫목 이불 속엔
밥 두 그릇이 달그락 대며
나가자고 보챈다
통행금지 나팔 울어도
발자국 소리 들리지 않고
누울 곳
찾는 아픈 가랑잎 소리만

문고리 거는 손 떨어질 때
밥그릇 뚜껑도 눈물 흘리고
실바람
지키는 문풍지도 울었지

파도가 되어

아무도 없는
겨울밤의 바닷가
갯바위에 부딪혀
눈물만 뿌리고 돌아서는
모든 것이
애틋해 겹겹이 밀려와
허옇게
큰 키로 솟구쳐 보지만
아픈 조각들만 다시 모아들고
깊은 바다 속 숨겨보지만
두 뼘
속 얘기 들어 줄
한 귀도 담지 못한
빈 구석이 아직도 남아 있어
파도는
오늘도 슬픈 울음만 안고 살아

손톱에 새겨진 소문

첫눈 오면 만난다기에
꼭 한번 보고 싶은 마음
봉선화 꽃 손톱에 물 들였네

밀려나는 고운 색
설레는 마음 커져만 가고
손톱 끝에 걸린 잿빛 하늘
서성이는 창밖에 눈이 내려
마음은 달려 네 발자국 찧는데
가랑눈 내려앉아 눈물이 되네

실오라기로
걸려있던 기다림 떨어지는 소리
또각또각 설레임 밟고 가네

싸락눈

그립다
그리워
날려 보낸 입김
흩날리는 외로움 되어
소도록하게 쌓여

그립다
그리워
밟아보면
싸그락 신음 소리
부서지는 아픔이어라

그립다
그리워
한 움큼 쥐어보면
손바닥 출렁이다
뛰어내리는 눈물이여라

숨길이 얼어

찬란히
빕더선 널 보내고
얕은 동굴조차 막혀

눈꽃은
눈석임으로 흘러
유리 되어 깔리고

겨울비 내려
강이 된 마음 판에
더 아프게 꽂히는 비, 비

금이 가고
조각들이 떠돌아도
쏟아 낼 틈은 어디에

겨울에 만난 사랑

눈이 내린다
그늘진
비탈 밭에 사랑이 쌓이고
이대로
그냥 이대로 묻히고 싶어라

겨울이 짙어 간다
곰국을 끓인 맘 때문인가
갈비뼈 드러난 밭이랑이
야위어 간다 사랑이

지워야지
지워야지 꿈이었다고
새빨갛게 지워야지
가슴이 떨어진다 뚝뚝
못다 핀 꽃물 되어

가을 하늘

상수리를 줍다
수풀 사이로 쳐다본 바다

해파리가 춤추고
빛을
물고 있는 이파리는
막 건져 올린 물미역

바닷물이
얼굴 위에 뚝뚝 떨어지는 숲
바다에 잠긴
싱그런 상수리나무가
토해내는 냄새는 숨길 따라

코 벌렁
배 불뚝
나는 나는야
큰 올챙이가 되네

덧난 아픈 자리

가을 빛
고추밭에 서성이더니
사랑의 빛깔로 물들어
해가 불 지핀 콘크리트 바닥에
노란 꿈 둥이 안고
숨기고 싶은 속마음
반쪽으로 누워 움츠리네

쪽빛 하늘
목화 꽃 그리워
몸 야위어 갈 때
다녀간 여우비 꼬리 감추고
오그린 몸 슬픔 넘쳐나
더욱 피어난
솜털 꽃은 서러움만 더하네

가을 거미

벽과 나뭇가지 사이
허공에 인터넷을 띄우고
소식을 기다리네

햇살 퍼진 아침
서리방울 굴리며
중얼대는 어미
지난날
벌레 흔적 수두룩한데
긴 다리로 마우스 굴려도
가쁜
숨소리 들리지 않아

새끼 두 마리
발치에서 놀고
자꾸 에러만 낸다 찬바람이

하늘은 목화밭

이슬 먹고 피어난
목화송이 따다
옥빛 하늘 펼쳐놓고
하늘나라 할머니
대나무 활 튕겨
흰 구름 피우시나

물레 돌려 실 뽑고
도투마리 날 줄 감아
들락날락 참나무 북
짚신 신고 힘준 허리
바디 때려 때깍때깍

한 뼘 두 뼘 명을 짜서
홑적삼 통치마에
흰 고쟁이 만들어
가을 하늘에 펼쳐 놓았나

가을 나무

이제
모두 내려놓아야 하리
봄에 휘파람으로 지은 옷
끝 모를 달음질로 살찌우며
실바람은
바람이 아닌 줄 알았는데
작은 새들의 추억을 털어내고

가랑비는
비가 아닌 줄 알았는데
무거워 벗어 내린
노랗고 빨간 옷들은 땅을 물들이고
늦가을 젖은 알몸
땀구멍 마다 이별의 문을 닫고
다시 찾아올 햇귀를 기다리며

사랑 받고 싶은 가랑잎

밤새껏
옥상 바닥에 몸 뒤척이며
바람 스칠 때마다
신음하는 소리
싸늘해진
밤이 외로운 가보다
누군가
기대면 보듬어 나눌 것을
시리도록 냉 냉한
겨울 밤하늘에
걸린 나뭇가지의 울음
움츠려도
혼자는 너무 추워
콘크리트 바닥만 긁고 있네
자꾸 자꾸

가을 닮고 싶은 여자

바닷가
모래 발자국 사라질 즈음
달력 한 장 넘겼을 뿐인데
가을은 슬쩍 올라 앉아
싱긋이 눈짓 하더이다

푸르른 날엔
겉돌기만 하던
밤송이 넌지시 건드리면
이빨 다 빠지도록 웃고
도로 가
숨 막히는 은행잎 덥석 안아주어
화 알 짝
노란 삼월의 꽃이 되더이다
속마음
털어놓은 자줏빛 단풍

마당귀에서
저 산 밑자락까지
빨간 불씨 나누며
가을 안에 들어온
모두는 환한 얼굴로 가더이다

낙 엽

들릴 듯 말듯 숨소리에
서둘러 물든 옷 갈아입고
떠날 채비를 한다오

소망 하 나
잎눈에 재워두고

춤추며
길동무를 찾고 있다오
바람이 빗질한 빈 가지는
이별노래 불러주어
마른 가슴에 정담을 때
사 알 짝
찬 서리 앉았다 사라져
고즈넉이
접고 가는 긴 편지를 쓴다오

2부

잠수함 속의 토끼

– 시인이 괴로워하는 사회는
병든 사회 (게오르규)

5.18의 어미

하양 꽃이 피려고
붉은 꽃이 떨어 졌나

하양 꽃이 너무 아파
초록 구름으로 덮었나

그날의
어미는 오월에 갇혀

달 밝은 가을 밤
아들 찾아 허공을 헤메이다

차가운 바람소리 이끌려
옷 한 벌 무덤에 밀어 넣고

아가
추운데 내복은 입고 자야지

그날의
어미가슴엔 빈 거미줄만

에미 가슴 차림표

아가야
사람들은 널
바다에 잠들어
현충원에 묻었다지만

에미는
땅도 꺼져버릴까
가슴속에 묻어놓고
너를 향한 차림표
계절마다 만들어 간다

노란 삼월이라
하늘이 노랬을까
숲 푸른 유월
산이 되어 출렁이는 보고픔
바다 빛 팔월
오그라드는 에미 마음
단풍드는 시월

펄럭이는 국기도 물들어
돌아온다던 십이월
애간장이 끊어져 끊~어~져

고등어와 바다

육지에
오고 싶은 바다 우리 때문이야
고등어는 평생
바닷물만 먹고 살아도
속살 짜지 않고
푸른 바다 누비지만

우린 그렇게 살 수 없나
이 세상 고등어는 볼 수 없어

상한 물
먹을수록 겉물 좋은 사람들
속까지 녹아질까
걱정 많은 바다
파도 되어 뛰어 봐도
더는 올 수 없어 늙어가고
흰머리 풀어 곤두박질하며
흩어지는 소금 눈물이야

상수리나무

청설 모 힘을 빌려
몸 낮추기 하는 나무
연한가지 잘라 햇볕을 나누며
다람쥐와 나는 떫은 꿈을 먹고
가을에는 옷을 벗어 흙을 덮어주어
빈가지 잎눈 키우는 겨울
또 나누어줄 준비한다

낮은 자 보기 드문 요즘
올라온
높이로만 흔들대는 사람
몸 낮추어 마주 눈빛을 보자
나도 높은 곳에 있는가
나눌 건 마음뿐인데
고개 돌릴 때가 많아

수탄장의 어미
-소록도에서-

나 지어놓고
“보시기에 좋았더라
당신의 형상대로 지었노라“
하시더니만
지금 내 모습이
당신 모습 이나이까
몸부림으로 탄식하며
원망해도 말이 없더니

이 순간
마주선 내 아가들
세상에서
제일 이쁜 사랑 둥이 구나
바람아 불지마라
내 새끼 미워질라
내 울부짖음
보고 들은 당신이여
감사감사 하나이다

숭례문은 말 한다

무명옷에
갓 쓰고
짚신 신고
괴나리봇짐 쉬어가던 시절
그림자 죽 한 그릇에
저녁 해도 편히 잠들던 옛 적
조상들과 웃고 울던 육백년

노랑머리
딸깍 구두
입고 먹을 것 넘쳐나는 요즘
마음은 고파
허덕이는 사람들
내 가슴 알아 달라
마음이 병든 노인의 잘못된 생각
지하철의 불타는 아우성 보다는
차라리 내 몸 재가 되리라

천하보다
귀한 목숨들 대신 하리라
서로가 안아 주어라
그늘에서 쌓은 마음은
활화산을 안고 있노라고

나 숭례문은 말한다

코끼리 외줄 타기

깨끗한 꽃으로 살다
맑은 물이 되라며
힘든 얼굴 구름으로 가리고
하늘은 꽃눈을 낳고 있다
더러는 굵은
전선줄에 놀다 큰 코끼리가 되어
저 끝기둥을 잡으려 줄을 섰다
땅에 내려앉은 꽃들이
위험하다 소리 칠 때
울렁증에 곤두박질하고 마는
떨어진 몸은 멍투성이

새 정부
들어서는 여의도 에서도
코끼리들이 마구 떨어진다는데
애당초
재주부린 코끼리 외줄타기

힘 있는 의자

자리의 힘으로 말하고
일을 마구 시키는 사람은
삼각관계에서
사랑을 취하는 것보다
더 짜릿한 맛이라는데

그 자리 한 번 맛보면
내려놓기는 상상 조차 싫어
귀는 막히고
입은 더 살아나며
눈은 더 더욱 높은 곳에 달려

남은 다 보이는데
나만 전혀 모르는 칠면조
수많은 손가락질은 보이질 않아
오늘도 구겨진 얼굴로
헛웃음 보이며 중심만 조여

상주가 된 땅

언 땅은
입 벌리고 싶지 않아 떨고
큰 차는
땅파기 힘들다 투덜거리는
구제역 사태에
땅 속
곳곳 삼백 오십만의 생명 탑
가축 농민 조각난 가슴 함께 묻혀
넋이라도 달래려는가
하늘은
수없는 문상객을 보내어
저마다 다른 모양으로
푸 울 풀 내려앉아
땅은 저절로 상복을 입고
얼마나 기다려야 너희들의
풀 뜯는 소리 듣겠냐고 울어

해

어둠으로 세수한
해맑은 얼굴이
산머리에 올라앉으면
누구나 벙그레 지는
젊은 아침 해를 보라

높이 올라 갈수록
온 몸을 풀어
쏟아내는 힘은
썩은 물까지도 빨아들이는
뜨거운 한낮의 해를 보라

낮은 곳 내려올수록
식어가는 몸으로
애써 황금 융단 펴는 하늘가
바쁘고 뜨겁게 하루를 살다
늙어서 떨어지는 저녁 해를 보라

동굴 속 동거

햇살도
들어 갈수 없는 가장 자리 속

둥둥 떠다니는 기쁨
가라앉는 슬픔
끌어당기고
덮을 수도 있어
가벼움은 금방 사라지고
무거운 것은
사라져도 자국을 남기며

때때로
어루만져 다독여야하는
하나로
살고 있는 다른 두 마음

애 호박

찬바람에
쫓기는 누런 잎 사이
윤기 흐르는 애 호박이 새첩다
얼른 따서 안고 보니
꼭지가 흘리는 끈적한 눈물
아 뿔 사
그래 그랬었구나
내가 행복 할 땐 누군가
울고 있음을 생각 못하고 살았어라

어제나
오늘이나 한 가슴이련만
나의 가을 오고서야 알게 돼
그래도 얼마나 다행인가
아직 겨울 오지 않았으니

빨래집게

바람 불고
소나기 쏟아져도
빈 줄에 입 다문 빨래집게
촘촘히
매달린 빗방울 달려와
털어놓고 가벼이 떨어진다
삶아내는 햇살 받으며
모양도
색깔도 다른 젖은 빨래들의
사연 다 들어주고 기분 좋게 보낸다

세상은 나날이 밝아져
거울 속에 살수록
속 아픔이 너무 많은 사람들
마주 앉아
젖은 마음을
말려야 하지만 같이 적시며
안전하게 물고 있을
빨래집게는 그리 많지 않아

익어야 하리

흰 꽃
피는 오월이지만
아픈 지구는
설익은 봄을 낳아
새싹들의 꿈을 움츠리게 하고

사람도
설 익어면 누구에게나
소리 내어 다치게 하며
주변까지 구정물로 젖고
익지 않고
좋은 게 무엇인가
익어야 하리
농익어야 맛이 나리
차갑고
뜨거운
바람도 내 것이라 삼키며

3부

생활의 텃밭에 꽃을 가꾸며…

종지

장독대 간장 종지에
눈길이 머물러 시간을 되돌려 본다

나의 토기장이여 기억 하시나요

두들겨 밟고 빚어
불가마속 견딜 때
가슴조이며 기다린 사랑이
겨우
밥상에 끼워 있어야 하는
간장 종지냐며 떼쓰던 눈물을요

삶의 빗금
수 십 번 긋고서야
그땐 참 바보였나 봐요
한 그릇의 국도
종지 간장이 맛을 내는데

한 장 뿐인 종이

철없는
한 아이가
만년필로
그림을 그렸습니다

잘못 그려진
밑그림에 상한 눈물
오랜 날 번져
못난 뒤웅 박 되고

뒤 말아 쥔
종이 위에
꽃 한 송이 어떨까
분홍색 색연필로

가시나무 꽃

하늘엔
유리창 구겨지는 소리
장대비 퍼붓는 산을 헤매며
목 찢어 우는 가시나무 꽃
싸리나무를 찾다
가시나무에
걸린 꽃이 되기엔 너무 버거워
몸부림칠수록
더 깊이 박히는 가시
내 것이 아니라며
세상 끝을 바라 볼 때
"내가 너를
복중에 짓기 전에 너를 알았고"
비를 가르는 그분의 음성
가지 끝마다 맺히던 붉은 눈물

이제 서야
어쩔 수없는
가시나무 꽃의 의미를 알아

내려다보는 길

밟고 온 날들의
의미는 두 아이였네

산꼭대기 오르기 위해
노래하는 새소리
눈짓 하는 풀꽃
속삭이는 바람소리
듣지도 보지도 못했었네
무거운 발길 옮길 때마다
그 분은 계단이 되어 주셨고
두 아이 등을 밀어
야호~ 산위에 올라
아들을 내려놓고
딸을 내려놓았네

이제
가벼이 산을 내려가며
풀꽃에 눈 맞추고
새소리 바람소리에 대답하며
부스러기 삶의 의미 주워 모아
아름답게 조각 맞추기 하려네
그 융단 위에
누리는 내가 되려고

울림

꽃 피기 전에는
너의 맘 조리더니
열매조차 떨어진 오후

너의 아린 맘 내가 사랑해
떨리는 손으로 고이 심었으면
너의 정원에 뿌리 내릴걸

이제
나에게도 가을 왔으니
바람결에 묻고 싶네

어이 한 번 더
돌아보지 아니 하고
그림자 키만 키웠냐고

밥상 마주 앉아

우울한 손님 찾아오던 날
조개 다져 넣은 미역국
검은 쌀 몸을 푼 밥 한 그릇
붉게 앉은 닭볶음 한 접시
아침부터 울고 있는 하늘은
마음을 부추기고

오십구와 육십은 하나 차인데

전혀 닮지 않은 얼굴
와락 안기는 등 돌린 날들
응어리 떨어져 간맞추고
눈물소리 들릴까 뛰어내리는 비
손님은 뚜벅뚜벅 걸어와
얘기 하자며 양반다리로 앉아

연 날리기

줄 끊어진
얼레에서 터지는 웃음소리
쟁그랑대는 바람에 짠 눈물들이
나라미서는 가을비에 갇힌 밤

부부 중심으로 살아라
힘 있게 아들에게 말하면서
저 끝에 허전한 그림자
늦기 전에
내년 가을 시집 가거라
자주 하는 말꼬리에
휘감기는 쓸쓸함 한 방울

이젠
연 줄을 끊어 주마
맘껏 날아라
방패연 되고
꼬리 연이 되어

길

봄엔
모든 것이 내 것인 줄 알아
걸어야 좋을 걸 뜀박질 하며
밤하늘에 심은 별 꽃씨들
여름 장마는 길기만 하고
빗물인지
눈물인지
빛없는 몽우리 떨어질 수밖에
가을에 풍덩 빠졌지만
튼실한 열매 없어
겹겹이 에워싸는 징 소리만
뭉치고 굳어진 것들
모래알 되지못하고
큰 바위로 남아있는데
겨울을 이대로 맞아야 하는가
자꾸 서성거린다
가을의 끝자락을 묶어
겨울밤 하늘이라도 좋으리
샛별 꽃을 피우고 싶어

아가의 잠

엄마의 숨결 아가의 끈
감꽃이 되어 떨어지니

발갛게 물든
햇 명주 몸에 감고

복사꽃 피우는 두 볼
산머루 새벽별로 깜빡이네

배 내 짓 옹달샘엔
물거품 일구며

들숨 날숨
손짓하는 꿈나라

하늘엔 큰 등불 밝혀
해죽이며 별똥 타고 가네

손녀

어느 날
나비 한 마리 날아들어
나더러 꽃이 되라 하더니

어제는
노란 나비 두 마리
오늘은 한 마리

반짝이는 머리카락
굵어진 손마디까지
모두 꽃이 되라 얄랑거려

그래 그래
꿀을 주는 꽃이 되마
방석이 되어 주마

바람 불면
기둥 꼭 잡고 쉬었다
맘껏 춤춰라 예쁜 나비들아

날마다 새로워

아가는
며칠째 열심히 걸음마 연습한다
한 발짝
두 발짝 엉덩방아 찧어도
넘어지면
일어나고 또 일어나고

누가
가르쳐 준 것도 아니건만
한 팔은 위로
또 한 팔은 중심 잡으며
드디어
큰 방 반 바퀴 돌고
흰 밥풀 네 알, 함빡 웃는다

아가야
지금은 몸이 넘어 지지만
먼 훗날 마음이 넘어 질 때도
뜨겁던 걸음마 생각나면 좋겠어
앉은자리 머물고 싶은 할미
돌아보는 살결 보드랍던 그 때

작대기 얼굴

두 살 손녀의
그림에는 누운 작대기와
서 있는 작대기 뿐
무어냐고 물으니
할미란다 기막힌 대답에

웃으며 거울을 보니
눈 밑에는 누운 작대기
눈 섶 사이와
입가에 힘없이 서있는
길고 짧은 작대기가 어지러워

잎은 떨어지고
지팡이도 할 수 없는
다달이 더해가는
나이테는 역사를 쓰는 친구야

완두콩

도. 레. 미. 파. 솔.

에미는
가녀린 젖꼭지 물리고
오동통 팔 남매
똑 같이 잘도 키웠다

허물어져 가는
에미 몸 알지도 못한 채
물기 다 빨아 먹고서야
하얀 손 내밀어 노래한다

도. 레.　　　솔. 라.
　　미. 파.　　　시. 도. .

빛 내림이

빛은 높은 곳에서
평온한 바닷물위에 오색을 뿌려
파릇이 고개 드는 이른 아침 공기에
물결은 실눈 뜨고 나비가 된다

도톰이 살이 오른 동백 이파리에도
정성스레 은구슬 달아 놓고
또르르 굴러 내리는 신비로움
한 입 물고 작은 새들 노래한다

어느새 내 마음에도 굴러 들어와
보석이 되는 이야기 도란거려
까치발 들고 금사 실에 곱게 꿰어
푸른 꿈 이고 가슴에 담으리

무허가

까치 부부와
한전 아저씨 힘겨루기 한다

투기는 아니라며
헐면 짓고 또 헐리는 집

수 백 번 날개 짓한 나뭇가지
전봇대아래 흩어지고

이걸 어째
이걸 어째

몸 풀기 급하다고 뛰던 까치
며칠이나 빙빙 돌다 숲으로

4부

조개속 상처에서 자라난 眞珠

한 사발 호수에 빠지다

축축한
입맞춤으로 다가온 그는
발끝까지 뜨거움 되어 내려가

심장이 걸어가는 소리
그렁한 눈물 속에
빠져드는 그림자들

그는
흑백 영사기인가
용케도 헌데 딱지 찾아내고

난
가랑잎 덮어둔
가슴 깊은 샘 헤쳐

퍼내고
퍼내다
잠이 들어

석 류

아픔이 하도 많아
담아 두고는 견딜 수 없어
푸른 보자기 붉으레
아플 때까지 억누르다
이제는 모두 쏟아 놓으려 하네
알알이 팽창한 분노
금방이라도
눈물이 뚝뚝 떨어 질것만 같아

기쁨이 너무 많아
부풀어 오른
가슴 여밀 수 없어
너도 나도
보자기 열고 내다보네
알알이 탱글탱글한 웃음들
금방이라도 뛰쳐나와
환호성 외칠 것만 같아

아픔은 붉으레
진액을 만들었고
기쁨은
새 콤 달 콤 맛을 만들었네
이제 사랑의 빛깔로
아픈 이에게 고운 물 들여가며
새콤달콤
맛으로 보듬어 줘야겠네

밝은 빛 아니어도

저마다
이고 있는 잠자는 낮 달
아무나 보지 않는
눈썹달이 나는 좋아라

달인지
구름인지
화장기 없는 얼굴
한 아름 채워갈 꿈이 있어
낮에 뜬 반달 나는 좋아라

온 세상 비추는 해
비켜 서있어도
어디선가 손잡은 밤 그림자
시가 되어
걷고 있어 나는 좋아라

햇살 떠나가면
고인 물에 몸 담구고
아픈 사연 들어주며
풀잎마다 맑은 구슬
달아주는 보름달이 나는 좋아라

너 에게

난
풀 죽은
종이비행기 인가봐

힘차게 솟아올라
너의 가슴속에
사뿐히 내려앉고 싶은데

언제나
너의 곁을 맴돌다
맥없이 떨어진다

어설픈 내모서리가
널 아프게 할까
돌아서는 내 그림자만 안고

그리움

바람이
살짝 입 맞추면
로즈메리 향기 되어

당신의 숨길 따라
가장자리
깊이 들어앉을까요

잠 못 드는 밤
당신의 머릿속에
열 두 칸 기와집을 지을까요

차라리
장마철의 물기 되어
당신의 몸을 적셔 버릴까 봐요

이 별

해지는
산기슭은
돌아선 속 내
꽃 피우던
바람마저 걷어안고
산봉우리 걸터앉아
한 발은
이미 산 너머
내려딛고 있구려
어둠 젖어 든 숲
산새 노래하면
나뭇가지
물고 있는 밝은 얼굴
이슬 떨구는 아침이면 좋겠소

벼 꽃

가지런히 모은 손
반듯하게 가르마 타고
곧은 머리 들어 올려
살포시
눈 웃음꽃 피우며

이 땅의 새색시들
결혼식 무대 오르면
저녁 바람 새신랑
몸 부비며 지나가고
소르르
꽃 각시 흩 내려

노랗게 퍼지는 행진
도근대던
개구리 한 마리
폴짝이며 축가를 불러

바랭이 풀

잔디밭에 키 낮춘
좁다란 이파리
손 끝 피해 숨바꼭질 하고

길 가 에서는 문어발 뿌리
위로는 팔 뻗쳐
땅 따먹기 즐기며

호박 넝쿨 사이에선
야리야리한
호밀 다리로

장마가 지나가도
슬쩍 누웠다 일어나는
어디든 살아가는 재주꾼이야

그만 나오렴

살구꽃 핀 어느 날
홀로인 엄마
함지박이 된 배
수근 대는 사람들의 눈짓
열네 살 새 가슴 되어

살구꽃
오십 번도 더 웃었건만
지워지지 않는 그림자

지금도 혼자 우는
크지 못한 어린아이
너 안에 웅크리고 있어
너의 모습은 겨울 밤
시린 눈썹달에 걸려 있어

청사포 앞바다

천년을 살아도
늙지 않고 언제나 젊은 바다
쉬지 않고 몸 흔들고
장난기 일어나면
흰옷입고 키 재기 껑충껑충
참 즐겁게 사는 바다 일세

갯바위 악기삼아
한창 신나면 노래하고
갈매기 떼도 쫓아보며
우르르 달려왔다
우르르 몰려가는
젊은 청사포 앞바다

비야 용기 잃지 마

넓은
토란잎 세상에
이슬비로
소낙비로
수 없이 내려앉아
수정구슬 굴리지만
쉬지 않고 밀어내는 까칠함

땀방울로 앉은 비
지친 세상 깜빡 졸다
흔적 없이 털어내고
우아하게 서있어
비는 언제쯤
토란잎과 함께 할 수 있을까

거미줄에 걸린 꿈 자락

번데기 옷 떨친 고운 나비
하늘 여행 잘 할 줄 알고
서툰 몸짓 무지개 꽃 찾다
거미줄 딱 걸렸네

날아가게 해달라
여린 날개 몸부림 쳐보지만
도도한
거미의 쓴 웃음

날개 뜯기고
더듬이 부러져
상처투성이 된 몸
멍석말이 되고 말았네

내려다보는 검은 전깃줄
맑은 눈물 흘려주건만

웃음이 날아가는 곳

풍납 토성
개나리 담장 아래
뻥 튀기 아저씨
시간을 돌리고
설렘을 돌리면
개구쟁이들 귀 막고 발 동동

뻥이요
갈색 배꼽이
통통하게 부풀어
춤추는 구수한 맛
아이들 신바람 나고
개나리도 허리 굽혀
까르르 까르르

누구 이 길래

안개 속에서
꼭 올 것만 같아서
창문을 열어 보지만
아무도 없어
점점
커지는 기다림
열린 가슴에
고무줄로 튕겨 가다
다시 들어와 앉는다
넌 누구지
난 그리움이야
자꾸
속으로 파고드는
알 수 없는 하얀 그리움

착각한 사랑

어린 등나무
다리 간질이며 놀자 할 때
사랑스러움에
몸 내어준 소나무
온 몸을 맴맴 돌며
포승줄 놀이 하자더니
눕지도
못한 채 영영 떠난 소나무

싸늘한 머리 꼭대기 타고
넉살좋게 주저리로 핀 꽃
짠느디바르 는
보들레르에게 악의 꽃을 피웠건만
수십 년 하늘 푸르던
솔 냄새를 삼켜 버린 넌
짠함도 없이 보라 빛 향기로
벌들과 춤추며 웃느냐

착한 상담자

냄새나고
힘든 남의 속을
꿀꺽 삼키고

만날 때마다
맑은
물을 채워 주어

웃으며 돌아서게 하는
변기는
샘물 나는 상담자

둘이라면

심어만 놓고
돌보지 못한 방울토마토
힘없이 옆으로 누워
지지대 세워 묶어주니

　땡글땡글
옹골지게 살이 오르네

가끔은 빈 머리
빈 마음이 무거울 때
누군가 함께라면 좋으리
달빛이 너무 시려
빨강 꽃 불 이라 해도
웃어주는 둘이면 좋으리

빈 둥지

비바람 아랑곳 하지 않고
날개가 아픈 줄 모른 채
높은 가지에 지은 집
잎 나고 그늘져 바람 시원해
재잘재잘 즐겁던 둥지엔

푸드득
새끼 한 마리 떠나고
남은 한 마리도
파드닥 거리며
날아갈 연습을 하네

불안한 어미는
이렇게 저렇게 날아라 하고
내 맘대로 날꺼라며
쪼아대는 철부지 새끼
팔랑거리며 날아가는 뒷모습

어미는
빈 둥지만 가슴에 품어

오월의 아침

녹색 구름 뒤 덮힌 숲
달개비 꽃빛 하늘
아카시아 내음이
벌 나비 마중 달려가고
물방울 떨어지는 소리로
꽁지 춤추는 산 까치
들꽃은 배불리 웃으며
뜀뛰는
오월의 문 열렸네

여름아 오너라
푸름아 춤춰라
초록 땀방울 떨어져
내 머리도 물들게

5부

영혼으로 부르는 G선상의 아리아

상사화

눈물 없는 삶이 어디 있으랴
봄은 아직 깊은 잠자는데
눈 내리는 세밑에
언 머리 이고 누굴 기다리나
에이는 바람은
움츠린 심장 속에
만남의 수를 새기며

희생 없이 태어남이 어디 있으랴
기다림의 키만 키우던 자리
그리움 켜켜이 두고 검불만 남아
긴 대궁 끝에 달린 꽃
연분홍 팔삭 동이의 메아리
에 돌아가는 빛 하나
한 뿌리에서 태어나건만

산수유 웃는 아침

그냥 웃는 게 아니랍니다

후미진 골바람
서러움 함께 나눈 초승달
하얀 이불 서너 채
망울망울 숨죽일 때

꼬옥
껴안던 햇살 몇 아름
먼지 씻어주는 봄비
그 마음 모이고 모여
노란 조밥 피워 웃는 게지요

달맞이 꽃

눈이 부셔
차마 해를 쳐다볼 수 없어
어둠에 숨어서
달에게 안부를 묻나

밤마다
노랑나비 되어
씨방 계단을 오르면
타는 그리움 만날 수 있나

홀로 떨다
눈물 훔치는 아침이면
수줍은 맘 들킬까
야윈 날개를 접나

진달래

산 여울 가
쓸쓸한 진달래
눈 속에 떨며
그냥
그렇게 서 있다
결 고운 바람을 만났다오

바람
소리 없이 다가와
붉어지는 얼굴 매만지며
머물렀다 간다고 하네
짙어지는
분홍빛은 어떡하라고

설레던
꽃술에 물결이 일어
벽 없는 방파제 숨어들고
방금 일까
이따 일까
떠나갈 바람이여

채송화

낮게 피어 있어도
환하게 웃는 꽃
하루를 살다 갈 바엔
온 몸으로 뜨겁게 살겠노라고

하늘 우러러
빛 따라 피고 지는 삶
햇살 따가워 질수록
속 바닥 까지 드러내어
벌에게 맡기고
부채질 노래에
한낮을 즐기며
노란 속을 비워내고 있다

빛 덩이 식기 전
윤기 남은 몸 깨끗이 접는
내가 제일 좋아 하는 꽃은
꼭 다문 입으로 묻는다 너의 하루는

자목련

반듯 하게 쪽지고
뽐내던 우아한 몸매
밤새
다녀간 비 술이였나봐

풀어버린 자주 옷고름
겹겹이 동여 입은
아홉 폭 쪽 치마
널브러져 울고 있네

하룻밤 번개 사랑
남은 정 올올이
매듭짓는 연자주 꽃술
밤비를 사랑한 자 목련

소국화

꽃밭 귀퉁이에
서리
맞을수록 함빡 웃는 꽃

귀 막고
입 다물어
영근 속 진 한 향기 되었네

소나기 두들기면
바람이 털어주고
밤마다 달빛 어루만진 꿈 망울

웃고 웃다
드러난 속에서
지난 얘기 쏟아져 나와

헤쳐 나온 길이만큼
퍼지며 날거라
사람의 무리 속으로

매화

그를 만나려고
마디마디 겉바람 시려도
살가죽
안에서는 열병 앓는 소리

맑은 피
말리는 떨리는 몸짓은
눌러 참을수록
밀어내야만 하는 고통
사닥다리 오르내리다
어찌할 수없이 솟는 열꽃
수수 알갱이로 돋아나고서야
초록 물길을 열었어라

훈훈한 기운으로
찾아온 그와
살근거릴 틈도 없이
내려앉는
시샘 많은 하늘의 흰 나비 떼

빗속의 해바라기

닿을 수 없는 당신의
집은 회색 커튼 드리우고
웃는 얼굴 보이지 않아
오시던 길목만 바라보아요

언제 오실지 알 수 없어
앞만 내다보며 지칠 때
땅거미 덮는 저녁이라며
바람이 웃고 지나가요

산머리 번쩍이는
번개에 눈물 데우며
또 하나의 이야기
씨앗 속에 담아요

봉선화

멀쑥이 키만 키우며
옥수수 대 사이서 보고픈 하늘
흔들대는 잎 사이로
찾아온 빛 살
수줍은 꽃망울 달았네요

두근대는 마음 구름에 실어
매미소리 귀에 걸고
영글어 가는 여름 날

그늘 아래 피워낸 꿈
손톱마다 곱게 물 들여
하얀 안개꽃
아름으로 안길 때까지
초승달로 기다릴래요

젖먹이 되어

연보라 아기 망초 꽃
자지러지게 웃는
낯설지 않는 산모퉁이 길

얼굴 간질이는 안개 오줌
물씬 풍겨오는 흙냄새는
엄마의 젖 내음
퉁퉁
불어 솟는 젖줄이어라

난 적삼 섶 헤치고
옹알이 하는 아가 되어
흙길을 타박이며 걸어가네
새벽 종소리에
놀란 어둠은 달무리에 숨고

찔레꽃 피어

어릴 적 밤하늘 은하수
오월엔 산과 들
꽃이 되어 내려와
헤픈 웃음 무더기로 웃네

바람 등 타고 노는 그리움
꽃술 보듬는 벌 나비 노래
초록 물 퍼진 땅 위에
찔레꽃 은하수로 깔려

흰 나비 날린다며
꽃 닢 뿌려 주던 손
어디 쯤 날고 있나
복공복공 뻐꾸기 우네

진달래 여인

건네받은 씨앗 하 나
몸속의 끈이 되었으니
산기슭 외로움이 되려네

그리다
그리다
사무치게 그리다

나도
나도 꽃이 여라
혼자 피고지고 한들거리다

마른 눈물 지우며
멍든 가슴 닫힐 때
실하게 큰 나무 잡은 손 놓고

짙은 밤은
야윈 슬픔을 밟아
그리움 찾아가는 먼 여행길

애기 똥 풀

노란 얼굴이
피도 노랗고
겉과
속이 같은 너

그늘과
햇볕에서도 웃고
얼굴 흠씬
적신 아침 이슬엔
더 천진스레 웃는 너

많은 사람들이
구별 없는 너 같으면
밝고
맑은 웃음
가득한 세상 되지 않겠니

6부

추억을 자아내는 물레

아버지 꽃

재 너머 밭에 가신 아침
참꽃 속에 웃는 보조개 얼굴보고
가랑잎 밟으며 함초롬히
한 바지게 딸이 되어 담긴 꽃
발걸음 가볍던 우리 아버지

꽃전을 부쳐주랴
　꽃 치마를 만들어 주랴
　　아니 꽃집을 지어주마

해마다
마당에 참꽃 피어도
바지게 그 꽃이 아니야
산마다 아버지 사랑이 피어
안개 속으로 사라지는 손 짓
이슬 되어 가슴 벽 타고 흘러

살아 있는 집

문 살 마다
아부지 손끝이 보이고
환한 얼굴 창호지에 비치네

서울 나들이 오시어
거대하게 올라가는
붉은 철골조 앞에 서서
허 허
이놈들이 죽은 집을 짓는구먼
이러니 목수가 할 일이 없제
먹줄 쳐서 톱질하고
대패밀어 끌로 파서
문종이를 발라야 산 집이제

평생 농부와 목수로
사신 이의 안타까운 철학
향교의 나무로 지은 집
닥나무 입힌 문 살 창에
두레박질하는 아부지 생각

철조망에 피는 꽃

함경도 산골 아버지 뉘이고
초라한 흙 이불 덮어주고 온 아들

문종이에 그린 약도 한 장
삼팔선엔
애달픈 장미 울타리 커간다
기다린 한이 설레는 꽃이 되어
철없을 땐 노랑
자식 키울 땐 분홍
밤잠 적어지니
고개 떨 군 빨강색 꽃만 주저리로
피고지고 육십년
얼키설키 가시만 차갑고 높아
바람만 옛 생각 퍼 나르고
겨울 저녁 해
슬픈 꽃빛으로 걸린 다시며
훨훨 혼으로 날아 찾겠다던 노래

아들도 가시고
이젠 어떤 색의 꽃이 피려나

그 곳엔 전화도 없나요

여린 오월의 산모퉁이 길
기역자로 걷는 할아버지
가슴에 매달려 꼬물대는 카네이션
내 속으로 걸어 들어와

아카시아 꽃에
내려앉은 노을이 서러워라
모내기 기다리는 논에
개굴개굴 급히 우는 개구리

아버지
아버지
큰소리로 불러 드리고 싶은데
그곳엔 전화도 되질 않아
마음만 싸 아 해 져

어머니

가로등이 눈물 흘리네

눈 비 오면 오는 대로
바람 불면 부는 대로
언제나 대문 앞 그 자리에
오가는 길 비추는 가로등
있는 힘 다해 밝혀도
더 밝았으면 좋겠다는 자식
아들 딸 기다리다
가늘어진 목
모자 하나 겨우 쓰고
비를 핑계 삼아 울고 있네

새 날은 밝아 오고
지친 힘 줄 끊어
질 때 있음을 진즉 몰랐을까

엄마의 봄

이불장 서랍 속에
돌돌 말린 무명 스무 자
시래기죽 힘으로 짜여 진 천
머물고 싶은
엄마의 푸른 날 속에

안개 자욱한
목화밭 골짜기 꿩의 노래 들리네요
무명 실 나르는
마당가 어미 쫓는
병아리들은 어찌 그리 이뻔지요

촘촘히
수놓인 엄마의 봄 날
오래오래 간직하여
때때로
그곳에 어린 동생들과 뛰어 놀래요

청 보리밭

청 보리 물결 속에
근심어린 엄마 얼굴
설핀 소망 보이네

엇저녁 쌀독엔
바가지 긁히는 소리
동트자 하늘 쳐다보며
햇볕이 좋아야
보리 살이 오를 텐데
보릿고개
사남매 배불릴 걱정

청 보리밭 물결 속
보릿고개 추억이
안겨왔다 밀려가네

깡 조 밥

봄이 오면
입 안 가득 퍼지는 그리움

햇잎 나물
샛노란 조 밥
빨간 고추장 넣고
비벼 먹던 파슬파슬한 밥
한여름 땡볕 속에 태어난
곡식 중 제일 작은 알갱이

실 감기는 댓잎 소리
삼베 짜는 힘을 주던
지금은
사라진 착하고 예쁜 밥

감 꽃

배꼽
떨어진 아가감은
둥근 꿈을 키우고
꽃은
뽀얀 얼굴로 나무아래 웃고 있어
아스라한 추억을 줍는 나

젖먹이 동생 두고
모내기 품앗이 가신 엄마
박 바가지 가득 담긴 꽃
내 목걸이가 되고
아가의 꽃 관이 되어 시들어도
기다리는
엄마는 멀기만 하던 그때

그 곳은 옹달샘

친구야
우리 살다 힘들 때 있거든
바람 타고 고향 가자

보리밭 흰옷 입고
파릇이 웃는 달밤
장작불에 이밥 하고
김치 서리 가자 꾸나
참꽃 피는 뒷동산 할미꽃
기다림에 지쳐 백발되기 전에
만장 골 가서 화전 부쳐 먹자
벚꽃 바람 타고 춤추면
옹기 사금파리 솥걸어
조팝나무 꽃 관 쓰고
신랑 각시 되자 꾸나

꼭지 빠진 땡감 강물에 던지며
삼나무 잎 비벼 귀 코 막고
물장구질 하자 입술 파래지도록
절터엔 익어가는 머루 다래
어미 소 풀어 놓고
냇물이랑 부르던 찬가
그 산골 아직 메아리로 들려온다
친구야
누구네 집 얼라 응가 했는지
워리워리 아침 깨우는 소리도 들려

노래 잃은 거랑

노래하는
물위에 춤추던 달빛
감 홍시 뛰어내려 목욕하고
돌멩이 들추며 가재 잡던 곳
고향 마을
거랑은 목이 메었는가
목구멍만 남겨진 시멘트 물길
짓눌린
가슴위로 자동차 구르고
어둠 속 흘러드는
돌이 없는 물길은 노래를 잃었구나
찰박이던 아이들 웃음 사라지고
산골은 그대로 숨쉬는데
너도 나도 변하여
눈 껌뻑 인사만 하는구나

어미는 물 밥

술 비
전깃줄에 물방울로 열린 아침
혼자 온 까치
따 먹을 여유도 없나
물방울 재빨리 훑어 먹고
가는 죽지에는 가족의 그림자

한 집에
4대가 살던 옛 적
엊저녁 먹은 그림자 죽 한 그릇에
아침까지 배부르시다던 엄마
부엌에서는 물바가지 들고 계시던
할머니가 그랬고
엄마는 보고 배워
나는
듣고 보고 알았지 물밥을

붙이는 글

벚꽃 둘러선 운동장에
총각선생님은 오학년 여학생을 업고
“분홍색 꽃구름이 뭉실뭉실 피었습니다” 라고
“네가 쓴 거 맞지 네 머리에서 나온 거 맞지”
하시며 선생님들에게 흔들며 자랑하십니다
벚꽃 글을 지은 바로 그 아이라고 하시던 …

그때 시(詩)라는 씨앗이 어린 가슴에 떨어져
오십 여년 꿈틀대는 진통 끝에
탯줄을 끊고 태어났습니다
부족함에 떨리지만
또 하나의 나이기에 성원해주신
사랑하는 모든 분들께 감사드립니다
이 시집을 하늘나라에 계신
나의 첫사랑 아버지께 바칩니다

2013년 7월

까치소리 상쾌한 아침
世利 이 금 순

이금순 시집

지은이 / 이 금 순

2013. 8. 20. 초판 인쇄
2013. 8. 30. 초판 발행

펴낸곳 / 도서출판 엠-애드
펴낸이 / 이 승 한
서울시 중구 충무로 3가 36-7
전화 / 02) 2278-8063/4
팩스 / 02) 2275-8064
e-mail/madd1@hanmail.net
등록번호 / 제2-2554

마케터 / 박승주
디자이너 / 임선실
전산팀 / 이지혜

정가: 8,000원

ISBN 978-89-675-5039-4